PHILIPPE-ÉGALITÉ.

> Uniquement occupé de mon devoir, convaincu que tous ceux qui ont attenté ou attenteraient par la suite à la souveraineté du peuple méritent la mort, je vote la mort.
>
> (*Procès du roi Louis XVI.*)

(Extrait de LA MODE du 5 Novembre 1842.)

Prix : 10 centimes.

A Paris,
AU BUREAU DE LA MODE, RUE TAITBOUT, 28.
1842

PHILIPPE-ÉGALITÉ.

Nous allons faire de l'histoire. Nous mettrons nos deux mains sur notre cœur pour contenir la colère et l'indignation, si elles veulent s'en échapper. Nous laisserons de côté les malédictions et les flétrissures que la justice et le mépris public ont entassées sur la tête de celui qui échangea le nom de ses aïeux contre le sobriquet de Philippe-Egalité, et nous montrerons le personnage au lieu de le maudire ; nous raconterons sa vie, vous la jugerez. Accordez-nous, mon Dieu ! tout ce qu'il faut de force, de courage, de patience, pour écrire sans mourir de dégoût et de honte, la vie de monseigneur Louis-Philippe-Joseph d'Orléans, né au Palais-Royal, le 13 avril 1747, mort sur l'échafaud, le 6 novembre 1793, sous le nom de Philippe-Egalité.

Dans ce récit nous ne parlerons pas seuls ; d'abord afin d'amener devant le lecteur des témoins qui déposent de l'exactitude de nos récits, ensuite pour nous soulager un peu du poids de l'horrible tâche que nous avons acceptée. Tacite, oui Tacite lui-même, ce terrible historien qui égalait la flétrissure aux attentats des criminels, et qui exécutait par effigie, dans ses pages vengeresses, les monstres qu'il peignait, Tacite aurait reculé devant la pensée d'écrire une pareille vie. N'importe, nous allons le tenter.

On peut distinguer trois périodes dans la vie du duc d'Orléans : le temps qui précéda la révolution de 1789 ; le temps pendant lequel il essaya de conduire cette révolution et de la faire aboutir au but sinistre qu'il lui avait marqué ; le temps enfin où il ne fit que suivre le torrent révolutionnaire, en cherchant à se faire amnistier de sa naissance et de ses richesses par ses crimes. Ce sont les trois époques qu'il s'agit de dérouler devant vos yeux.

Avant d'entrer dans ce récit, il ne sera pas sans intérêt de donner une idée du physique du prince. Les hommes aiment à savoir quels étaient les traits de celui dont on leur raconte l'histoire, et il leur semble qu'ils le suivent mieux à travers les événemens quand son visage ne leur est pas inconnu. Sous ce rapport, comme sous tout autre rapport, la Providence avait été pleine de libéralités pour le duc d'Orléans. Outre qu'elle l'avait fait naître prince et maître d'une fortune immense, elle lui avait donné une haute stature et un visage beau et régulier. Mais Philippe semblait destiné à abuser de tous les dons de la Providence. Son nom, vous savez ce qu'il en fit ; sa fortune, il la dilapida, et bientôt la débauche et l'ivrognerie eurent flétri sur son front le rayon de beauté que Dieu y avait mis. « Lorsque nous l'avons vu, » dit un de ses biographes (1), « l'agitation de son sang, échauffé et appauvri par sa manière de vivre, avait

---

(1) *Biographie annuelle*, art. D'Orléans.

» couvert son front de rougeurs et de boutons. Sa tête était presqu'entièrement
» dégarnie de cheveux, et l'on disait que ses courtisans se faisaient épiler pour
» lui ressembler. » Ce front couvert de pustules, cette face rouge et marquée
des stygmates du vice, firent dire à un contemporain : « que l'âme du duc
d'Orléans transpirait à travers tous ses pores. »

Ses premières années furent données tout entières à la dissipation, à des plaisirs sans pudeur et sans retenue, à la licence des amours faciles et à de grossières orgies. Toute femme qui permettait à M. le duc d'Orléans de la regarder en face, était déshonorée. Le Palais-Royal, Mousseau, le Raincy, étaient déjà montrés au doigt par l'indignation publique, comme autant de Caprées. On racontait des choses étranges, des banquets infâmes et des débauches honteuses dont ces lieux étaient le théâtre. Les orgies de la régence, qui étaient demeurées dans la mémoire des peuples, comme marquées d'un cynisme extraordinaire, se trouvaient égalées, surpassées. Le temps des roués semblait revenu. « Le duc d'Orléans, » dit un historien de la révolution, « avait manifesté, de bonne heure, des goûts pervers et des inclinations hon-
» teuses; il était devenu le compagnon et l'ami de tous les seigneurs dégradés
» de ce temps. » Cela allait si loin, que lorsque Laclos, qui était un des familiers du prince, écrivit son cynique roman des *Liaisons dangereuses*, chacun crut que ce n'était pas son imagination qu'il avait consultée, mais ses souvenirs.

Les trois passions qui marquèrent ces premiers temps de la vie du duc d'Orléans, semblent avoir été l'amour du plaisir, la soif des richesses et un certain besoin de célébrité qui lui faisait rechercher les regards de la foule et lui prépara plusieurs fois d'humilians échecs, car le duc d'Orléans n'avait point cette force de caractère qui permet de tenter les grandes entreprises ; il était même incapable d'arriver jusqu'à la célébrité, cette petite monnaie de la gloire. Souvent ces trois vices, qui étaient les traits généraux de son caractère, se combinaient ensemble pour produire des fruits honteux. Ainsi, il était de notoriété à la cour, qu'il s'était servi de ses orgies et de ses débauches pour abréger la vie de M. le prince de Lamballe dont la mort était pour lui une excellente affaire, attendu que, comme gendre du vertueux duc de Penthièvre, il devenait son unique héritier dès que le fils de ce prince avait cessé d'exister. Ses efforts pour acquérir de la célébrité, ne se signalèrent d'abord que par l'habileté qu'il mettait à conduire un attelage à travers les rues de Paris. « Cette habileté, plus
» digne d'un cocher que d'un prince, » dit un historien, « lui valut plus de rail-
» leries que d'applaudissemens. » Cependant il tenta, dans une circonstance remarquable, d'attirer sur lui les regards de la foule, mais l'issue qu'eut cette tentative le couvrit de ridicule. Il avait demandé à monter dans un aérostat, lors des premiers essais qu'on fit de cette ingénieuse machine. « Au moment de
» s'élever, il eut peur, et sauta de la nacelle, lit-on dans les mémoires de cette
» époque, en bravant sans pudeur, les risées et les sarcasmes de la foule. »
Ainsi, le duc d'Orléans sortait d'une témérité par une poltronnerie. C'est l'image de sa vie toute entière. Il devait commencer tous ses crimes par l'orgueil et les finir par la peur. Ce vice si peu princier, si peu français, était le fond de la nature du duc d'Orléans : sans force contre le péril, il n'avait de courage que contre le mépris.

Ce caractère qui n'appartient qu'à lui, dans notre histoire, devait bientôt se manifester dans une autre circonstance. « Quoique possesseur d'une immense
» fortune, dit un des biographes, qui le traite avec le plus de faveur, il fit des
» dettes en voulant la rendre plus considérable encore. Le jardin de son palais
» était une promenade publique, seulement il fallait être vêtu décemment pour
» la fréquenter. Il fit entourer ce jardin de constructions brillantes, afin de les

» louer à tous ceux qui se présenteraient, et il l'ouvrit à tout le monde, sans
» exception, de manière que l'on vit cette promenade bientôt couverte de la
» population la plus grossière et la plus perverse. Au lieu de l'air pur et du bel
» ombrage que, pendant les jours d'été, les Parisiens venaient chercher dans
» les allées du Palais-Royal, ils ne trouvèrent plus, sous les nouveaux portiques,
» que l'exemple des mauvaises mœurs et les tableaux de la plus honteuse dis-
» solution. D'un autre côté, cette spéculation, qui avait ôté aux maisons voisi-
» nes une partie de leur valeur et de leur agrément, mécontenta beaucoup de
» propriétaires, et elle donna lieu à quelques satires contre le duc. On le re-
» présenta dans le costume d'un chiffonnier ramassant des *loques à terre* (des
» locataires). Le duc d'Orléans ne fit que rire du mépris public (1). »

Il faut avouer que ces satires et ce mépris étaient loin d'être immérités.
« Dans le jardin du Palais-Royal, » dit un autre historien, « le duc d'Orléans avait
» donné un scandale qu'aucun prince ne donna jamais ; la cupidité vint s'unir
» à la débauche, et d'Orléans osa lever un tribut sur la prostitution. Ce fut dans
» son palais que des maisons furent construites, et que le vice vint solder cette
» tourbe d'agens que l'infamie de leurs mœurs attachait à ce prince (2) » Si
l'on ajoute à cela que tous les amis du duc d'Orléans appartenaient à la faction
des sceptiques et des athées, on reconnaîtra que la licence des mœurs, unie à
celle des esprits et donnant la main à l'amour du lucre, faisait, en ce moment, de ce palais l'image de l'état social qu'on préparait à la France. Il ne s'a-
gissait que de reculer les murailles de ces lieux honteux, jusqu'à leur faire
contenir toute la société.

Le prince qui agissait ainsi, et qui donnait asile à la débauche et à la prostitution, avait épousé, comme on l'a vu, la vertueuse fille du vertueux duc de
Penthièvre. La duchesse d'Orléans souffrait des fautes et des torts de son mari,
en attendant qu'elle eût à rougir de ses crimes. Elle était malheureuse, mais un
noble sentiment de dignité lui interdit la plainte jusqu'au moment où le duc
d'Orléans, introduisit le scandale de ses mœurs presque dans sa propre maison.
Nous voulons parler du jour où, aussi coupable comme père que comme époux,
il n'hésita pas à donner pour gouverneur à son fils et à sa fille, madame de
Genlis, qui passait dans tout Paris, pour sa maîtresse attitrée. Voilà quel était
le respect qu'il avait pour la vertu de sa femme, pour l'innocence de ses fils
et la pudeur de sa fille !

Jusqu'ici on n'a vu paraître le duc d'Orléans que dans sa vie privée qui devint publique à force de scandales ; sa vie d'ambition commença au combat
d'Ouessant. Il convoitait la survivance de la charge de grand amiral, qui
appartenait au duc de Penthièvre, son beau-père ; pour se donner des titres à
cette charge, il désira faire une campagne navale. La guerre de l'indépendance
de l'Amérique, qui avait amené une rupture entre la France et l'Angleterre,
lui offrait une occasion naturelle de satisfaire ce désir ; il s'embarqua à bord
du vaisseau *le Saint-Esprit*, qui faisait partie de la flotte du comte d'Orvilliers.
Il devait arriver au duc d'Orléans dans cette circonstance, précisément ce qui
lui était arrivé quand il avait voulu monter dans la nacelle d'un aérostat.

On raconta qu'au combat d'Ouessant, le 27 juillet 1778, où la marine française soutint sa renommée, le duc d'Orléans s'était caché à fond de cale pendant l'action. Ce qu'il y a de certain, c'est que le vaisseau *le Saint-Esprit*
n'obéit pas aux signaux que lui fit le vaisseau du comte d'Orvilliers, de tenir
le vent pour empêcher les Anglais de passer, ce qui, selon l'opinion d'un grand

---

(1) *Biographie Universelle.*
(2) *Histoire de la Révolution*, par M. de Conny.

nombre de contemporains, sauva la flotte anglaise d'une entière destruction. Ce fut à ce propos que la marquise de Fleury, dont le duc d'Orléans avait dit qu'elle était la femme la plus laide de la cour, répliqua par ce mot qui fit fortune : « Monseigneur le duc d'Orléans ne se connaît pas plus en signalemens qu'en signaux. »

On comprend que la conduite du duc d'Orléans au combat d'Ouessant, n'était pas de nature à favoriser sa candidature pour la dignité de grand amiral. Elle échoua. Mais le roi, voulant adoucir l'amertume d'un refus, le nomma colonel général des hussards. Le duc d'Orléans vit dans cette faveur une sanglante ironie qu'il attribua à la reine, et ce fut, à partir de ce moment, qu'il lui voua cette haine implacable qui devait élever tant d'échafauds. Dès lors, il s'éloigna de Versailles, se plongea plus avant dans la débauche; mais, en même temps, réunit avec une plus vive sollicitude, autour de lui, des hommes perdus de mœurs et d'honneur, mais d'un esprit hardi, conspirateurs de position, qui ne peuvent vivre que lorsque les sociétés meurent et qui, ayant besoin de tout confondre et de tout bouleverser, afin de trouver dans la perversité puplique l'impunité pour leur vie privée, se montrent à la veille des révolutions comme les oiseaux de proie à la veille des batailles. Le prince semblait se mettre en mesure pour jouer un rôle dans une situation que tout le monde commençait à prévoir. Il fit un voyage à Londres, et, en revenant de cette ville, affecta dans sa mise, dans ses goûts, dans ses manières une anglomanie qui était alors populaire. Il réussit aussi à se faire nommer grand-maître des francs-maçons de France, et cette vaste association secrète devint entre ses mains un puissant moyen d'influence. En un mot, toutes ses actions, toutes ses paroles dénonçaient, chez lui, l'intention de se poser comme le chef des mécontens du royaume.

L'occasion s'offrit bientôt au duc d'Orléans de faire l'essai de ses qualités comme chef de parti. Après la convocation des notables, le roi s'était rendu au parlement pour faire enregistrer des édits financiers devenus nécessaires par la situation du trésor. « Dès le commencement de la séance, » dit un historien de la révolution, « le duc d'Orléans semblait en proie à une vive agitation ; ses
» traits étaient altérés. Il prit la parole et demanda au roi si la séance pré-
» sente était un lit de justice. Le roi répondit que c'était une séance royale.
» Alors le duc reprit : *Sire, je supplie votre majesté de permettre que je dé-*
» *pose dans le sein de la Cour la déclaration que je regarde cet enregistre-*
» *ment comme illégal.* »

A la suite de cette protestation et de l'arrêt de la Cour qui le suivit, le duc d'Orléans fut exilé dans sa terre de Villers-Cotterets. Cette âme sans ressorts plia sous le poids de cette disgrâce peu sévère. Dans un séjour délicieux, habité par tous les plaisirs, il montra autant d'accablement que s'il eût été déporté dans une île déserte. « Le duc d'Orléans, » dit M. Thiers, « consigné à Villers-
» Cotterets, ne pouvait se résigner à son exil. Dépourvu à la fois de la dignité
» d'un prince et de la fermeté d'un tribun, il ne sut pas supporter une peine
» aussi légère, et, pour obtenir son rappel, il descendit à de misérables
» supplications envers la reine, son ennemie personnelle (1) ». Ainsi, cette tentative se terminait encore toutes celles que le duc d'Orléans avait faites. Il sortait de toutes situations difficiles comme il était sorti de la nacelle de l'aérostat : chez lui, c'était toujours la lâcheté qui avait le dernier mot.

La convocation des états-généraux ouvrit une plus vaste carrière aux instincts pervers de M. le duc d'Orléans. Ce ne fut pas sans peine qu'il se fit élire

---

(1) *Histoire de la Révolution*, par M. Thiers.

membre de cette assemblée, et il fallut, pour ainsi dire, qu'il dérobât le siége qu'il obtint dans la Constituante, comme s'il devait y avoir toujours quelque chose d'équivoque dans sa situation. « Quels que fussent tous ses moyens de
« popularité, » lit-on dans la *Biographie universelle* (1), « il n'était pas assuré
» de se faire nommer aux états-généraux ; mais le marquis de Livron, sa créa-
» ture, s'étant rendu à Crespi, au moment des élections, comme pour visiter
» les bâtimens du prince, s'y prit avec tant d'adresse auprès des électeurs de
» la noblesse, que, malgré leur répugnance à se montrer en opposition avec la
» cour, il leur fit élire par acclamation le duc d'Orléans, qui, leur avait-il dit,
» n'accepterait certainement pas. Mais, peu de temps après, on vit, avec beau-
» coup d'étonnement, le prince venir lui-même à Crespi remercier et prêter
» serment. » Tel fut l'espèce d'escamotage politique à l'aide duquel le duc d'Orléans entra dans la Constituante.

Deux jours avant la réunion de cette assemblée, avaient éclaté les affreux désordres auxquels le pillage des magasins de Réveillon avaient donné le signal. « Parmi les figures patibulaires mêlées au peuple, dit le républicain Prud-
» homme, la police signala plusieurs paysans de la paroisse de Villers-Cotterets
» où le duc d'Orléans avait une belle propriété, et ceux-ci n'étaient pas les
» moins actifs. Mais voici une circonstance qui est encore plus remarquable.
» La famille d'Orléans, allant au château de Villers-Cotterets, traversa l'émeute
» et fut extrêmement fêtée. On fit arrêter la voiture où se trouvait la du-
» chesse pour l'applaudir. Cette princesse fut étonnée d'un accueil qu'elle
» n'avait assurément pas provoquée, car elle n'était rien moins qu'initiée aux
» projets ambitieux et sinistres de son mari. (2) » Ainsi, dans les scènes de désordre qui servirent de préambule à la révolution française, le nom et l'influence du duc d'Orléans paraissaient déjà. On lisait sa signature mal effacée au bas de ces premiers crimes, prélude de crimes plus affreux.

La progression des crimes devait, en effet, rapidement marcher, et l'on allait trouver le nom du duc d'Orléans accolé à toutes les sinistres journées qui heurtaient déjà à l'huis de l'histoire comme pressées de commencer. A peine entré dans l'assemblée, il s'asseoit au milieu des membres les plus révolutionnaires ; le coin duquel partent les motions les plus subversives et les plus incendiaires est publiquement appelé *le Palais-Royal*. En même temps, par une coïncidence remarquable, toutes les insurrections, tous les assassinats se tramaient dans le jardin du Palais-Royal. « Ce furent dans les jardins du Palais-Royal
» que furent provoqués les premiers mouvemens révolutionnaires, » dit la
» *Biographie universelle*, « toutes les émeutes s'y formaient ; c'est de là que
» partaient les rassemblemens ; le plus important se forma devant le café de
» Foy dans la soirée du 12 juillet. On porta le buste du duc dans les rues avec ce-
» lui de Necker. Suivant divers rapports publiés sur cet événement, on le vit à
» Paris, dans son palais, applaudissant de ses fenêtres aux mouvemens popu-
» laires, et bientôt après parcourant les rues en wisky, puis assistant aux
» séances de l'Assemblée de Versailles. »

Un historien de la révolution complète ainsi les détails : « Les discours les
» plus révolutionnaires étaient proférés dans les cafés et les jardins. Là, se
» rassemblaient tous les hommes perdus qui affluent dans la capitale pour
» cacher leurs crimes, et cette tourbe d'étrangers, misérable instrument d'une
» haine aveugle pour la France. Tel était le peuple du duc d'Orléans. On ré-

---

(1) *Biographie universelle*, art. D'ORLÉANS.

(2) *Histoire des crimes commis pendant la révolution française*, par Prud-homme.

» pandait, en son nom, l'or à pleines mains, pour solder toutes les infamies et
» tous les crimes. » Ce fut là que se réfugièrent les soldats révoltés qui
avaient abandonné leurs drapeaux, et des témoins irrécusables ont affirmé
avoir vu le duc d'Orléans jeter à ces déserteurs, qui s'enivraient avec des prostituées, des billets de caisse et de l'argent.

Toutes ces scènes de désordres précédèrent et amenèrent la journée du 14 juillet 1789, qui devait être fameuse par la prise de la Bastille. « Le duc d'Or-
» léans, » dit la *Biographie universelle*, « était à l'assemblée dans la journée du
» 14 juillet. La veille de cette journée, des séditieux le désignèrent pour lieu-
» tenant-général du royaume, et au même instant, les couleurs vertes, arborées
» la veille furent foulées aux pieds et remplacées par le bleu, le rouge et le
» blanc, qui étaient les couleurs de la maison d'Orléans. »

Voici comment Bertrand de Molleville raconte la suite de ces événemens dans ses *Mémoires* : « En vertu des délibérations d'un comité dévoué au duc
» d'Orléans, et qui tenait ses séances au village de Montrouge, ce prince devait
» avertir le roi du danger de sa situation et lui demander la lieutenance-géné-
» rale du royaume, ou en d'autres termes, la couronne. Le duc se présenta
» dans la matinée à la porte de la chambre du roi et s'informa du baron de
» Breteuil, qui en sortait, s'il pouvait parler à sa majesté. Le ministre répondit
» que le roi ne voulait voir personne, mais que S. A. pouvait lui écrire si elle
» jugeait convenable, ou si elle le préférait, adresser sa lettre à lui, baron de
» Breteuil, qui la mettrait sous les yeux du monarque. Le duc préféra ce
» dernier parti. Mais au lieu de réclamer la lieutenance-générale du royaume,
» il se contenta de prier le baron de Breteuil de solliciter pour lui la permis-
» sion de passer en Angleterre, où il avait l'intention de se rendre, si les af-
» faires prenaient une tournure fâcheuse (1). »

C'est que le génie de la peur était encore une fois apparu à Philippe-Joseph d'Orléans, comme le jour où il avait sauté de l'aérostat, comme le jour du combat d'Ouessant, comme le jour où il fut exilé à Villers-Cotterets, comme le jour où il se réunit au Tiers-État à la tête de la minorité de la noblesse et où, s'étant évanoui, il fut déshabillé, de sorte qu'on s'aperçut qu'il s'était plastronné ; précaution présomptueuse qui indiquait que le duc d'Orléans, se rendant peu de justice à lui-même, s'imaginait avoir un cœur à défendre. Philippe semblait placé entre deux furies, l'ambition qui le précipitait dans tous les crimes, la peur qui le jetait dans toutes ses lâchetés. Il avait le désir de tous les attentats, mais c'était un désir stérile et impuissant ; il n'avait pas même le dernier des courages, celui du crime. « Les complices du duc d'Orléans, » dit un historien déjà cité, « l'entraînèrent au château dans la matinée du 15. Il
» s'agissait de saisir l'occasion des troubles de Paris pour le faire investir du
» titre de lieutenant-général du royaume. Mais le cœur lui faillit, il n'osa se
» présenter devant le roi. Incapable d'être un chef de parti, ce lâche ambi-
» tieux, que poursuivait déjà le mépris de ses complices, n'était que le mau-
» nequin de la faction à laquelle il prêtait son nom et son or. »

Il est difficile, en effet, de se faire une idée du mépris où était tombé, dès cette époque, le duc d'Orléans. Les récits seraient trop pâles pour l'exprimer. Voici comment un des écrivains les plus remarquables du *Journal des Débats* (2), l'a mis en action dans un ouvrage où il a essayé de rendre la physionomie de la première période de la révolution, avec ses mœurs, ses hommes et

---

(1) *Mémoires de M. Bertrand de Molleville*.
(2) M. Jules Janin dans *Barnave*.

ses idées : « Au plus fort de ce silence, nous entendîmes le bruit d'une porte
» qui s'ouvrait à deux battans. Un homme entra en s'annonçant, dès l'anti-
» chambre, par des imprécations contre les valets. — *Voilà*, dit Mirabeau,
» *une voix qui parle ici plus haut qu'à la tribune; on voit bien qu'il n'y a*
» *rien à dire ici*. A cette voix qui leur était connue, quelques femmes devin-
» rent pâles et tremblantes. — *Ne craignez rien*, dit Mirabeau, *ce n'est pas*
» *ici comme dans le souterrain du Raincy. Que vient donc chercher ici le*
» *premier prince du sang à cette heure? je l'aurais cru en Angleterre ou*
» *couché dans un des mauvais lieux de son palais*. En relevant les yeux, le re-
» gard de Mirabeau tomba sur le nouveau venu ; c'était un homme de la taille
» la plus élégante, à la figure incertaine, au regard douteux et méchant. Il
» entendit Mirabeau et il ne rougit pas. Seulement, ses deux sourcils se contrac-
» tèrent; il chercha, de côté et d'autre, assez de soutiens et d'amis pour se met-
» tre en colère. Mais, comme il n'en trouva pas, il se contenta de dire : —
» *Vous savez bien, Mirabeau, que ces titres de prince et d'altesse ne me con-*
» *viennent pas, que je les ai reniés depuis long-temps, et que, depuis long-*
» *temps, je ne rougis plus de Montfort le cocher*. A ces mots, un sombre mur-
» mure parcourut et agita l'assemblée. Mirabeau regarda le prince de la tête
» aux pieds, avec le sourire du plus profond mépris. — *Messieurs et mesda-*
» *mes, ne le croyez pas*, s'écria-t-il, *il en a menti. Montfort arrive ici comme*
» *un quartier supplémentaire; Montfort n'est ici qu'une prétention de plus.*
» *Il est étrange que cet homme se croie le droit de changer de nom, quand*
» *ce nom il l'a plus souillé que son père. Il est étrange qu'il vienne ici chan-*
» *ger de père comme on change de livrée; déshonorer un honnête cocher qui*
» *ne lui a rien fait et insulter sa mère, parmi nous, comme il a insulté sa*
» *femme, cette femme si vertueuse et si accomplie, qu'il a forcée de paraître*
» *tremblante et chrétienne dans une profane assemblée de francs-maçons :* »

Tel apparaissait le duc d'Orléans à un écrivain du *Journal des Débats* dans
le commerce de la vie privée, lorsqu'il cherchait à rendre, sur la toile, cette
physionomie mêlée de crimes et de vices, ce caractère pétri de sang et de boue.

Les crimes du duc d'Orléans devaient bientôt faire oublier ses vices, et la
boue de ses mains allait disparaître sous le sang que virent couler les journées
des 5 et 6 octobre. Il est impossible de nier que le signal de ces horribles journées qui faillirent tourner, quatre années plus tôt, la sinistre page du régicide,
n'ait été donné par le duc d'Orléans. La *Biographie Universelle*, favorable,
autant qu'on peut l'être, au duc, l'avoue elle-même. « Beaucoup de témoins,
» dit-elle, affirmèrent l'avoir reconnu dirigeant les assaillans et leur indiquant
» les issues. Il fut désigné plusieurs fois dans la procédure que le Châtelet
» commença, et les déclarations parurent tellement graves, que ce tribunal
» demanda que le prince fût dépouillé de son inviolabilité, pour être livré à la
» justice. L'assemblée nationale nomma une commission ; mais le rapporteur
» Chabrou écarta tout ce qui était à la charge du duc et l'affaire en resta là. »

On sait que, dans les journées des 5 et 6 octobre, il s'agissait d'assassiner la
reine, et de forcer le roi par la terreur à quitter Versailles, après quoi on aurait
fait nommer le duc d'Orléans roi par l'assemblée. La déposition qui a le mieux
éclairci le but et la cause de cette journée est celle de M. de Virieu. M. de
Virieu rapporta une conversation dans laquelle Mirabeau lui avait formellement
déclaré qu'on avait déjà voulu une fois, à l'époque du 14 juillet, faire le duc
lieutenant-général du royaume. « Sa timidité, avait continué Mirabeau, a
» fait tout manquer. Il n'a tenu qu'à lui, on lui avait fait son thème, on lui
» avait préparé ce qu'il avait à dire (1). » Voilà pour la cause et le but. Quant

---

(1) Déposition de M. Virieu devant le Châtelet.

à l'exécution, tous les historiens rapportent que les héroïnes de ces sanglantes journées sortirent des repaires de la prostitution que contenait, en si grand nombre, le Palais-Royal. « Plusieurs des complices du Palais-Royal, dit encore
» un de ces historiens, ont revêtu des habits de femmes ; parmi ces hommes
» travestis on a reconnu Laclos et plusieurs familiers d'Orléans. Le duc d'Or-
» léans lui-même avait passé la nuit du 5 à Paris ; il avait été vu à cheval à la
» Porte-Maillot, couvert d'une redingote grise et s'entretenant avec des hom-
» mes du peuple. Puis à Versailles, puis de nouveau à Paris dépêchant et at-
» tendant des courriers. »

Enfin, quand le moment de l'action fut arrivé, le duc d'Orléans se décida à paraître. « Les brigands se jettent sur les factionnaires, dit M. le vicomte de
» Conny ; Deshuttes, qui a respecté, jusqu'au dernier moment, l'ordre qui lui
» défend de faire usage de ses armes, tombe percé de mille coups. Son corps
» est déchiré en lambeaux, sa tête est suspendue au bout d'une pique. L'homme
» à la grande barbe, armé d'une hache, est à son poste. Le duc d'Orléans pa-
» rait au milieu des bandes ; il porte à son chapeau une large cocarde ; il agite
» en riant la badine qu'il tient à sa main, il traverse lentement la foule qui
» s'ouvre en faisant retentir l'air de ces cris : *Vive le duc d'Orléans ! Vive
» notre père d'Orléans ! Vive notre roi d'Orléans !* Cependant la grille de la
» cour s'ouvre bientôt à de nouvelles hordes. Le duc d'Orléans les conduit au
» grand escalier, leur indique de la main l'appartement de la reine et se dirige
» vers celui du roi (1). »

Tout manqua encore une fois, selon la parole de Mirabeau, par la lâcheté du duc d'Orléans. Arrivé à la porte du roi, la peur le prit, et il n'osa entrer. Ce fut en apprenant cette nouvelle preuve d'une incurable pusillanimité, que Mirabeau proféra ce mot si connu : « Qu'on ne me parle plus de cet homme,
» il a l'âme d'un laquais. » Ce qui a fait dire à un écrivain républicain de nos jours, que Mirabeau insultait les laquais et flattait le duc d'Orléans.

Si le duc d'Orléans faiblit dans la partie du crime qui demandait de l'énergie, on peut dire qu'il se surpassa dans celle qui ne demandait que de la scélératesse. Quand le cortége hideux qui ramenait à Paris le roi et la reine, précédé d'égorgeurs qui portaient les têtes des gardes du corps coupées et dégouttantes de sang, passa devant la terrasse du château de Passy, un homme fut aperçu qui se cachait derrière des jeunes enfans et cherchait à voir sans être vu, c'était d'Orléans. « On avait osé amener ses fils et sa fille, dit un historien,
» et les placer en première ligne pour les faire assister à la honte de la monar-
» chie et au crime de leur père. » Un peu plus loin, dans les Champs-Elysées, un nouveau crime vint montrer que le duc d'Orléans n'avait pas abandonné la partie et qu'il s'essayait au régicide. « A l'endroit le plus élevé des Champs-
» Elysées, dit le républicain Prudhomme, une mère, à côté de sa fille, tomba
» morte d'un coup de feu. On remarqua que ce fut au moment où la voiture
» du roi passa devant cette femme. Les assistans virent bien que le coup n'était
» point adressé à cette infortunée ; on en voulait à un autre personnage plus
» important dans l'ordre politique. La majorité des spectateurs pencha à croire
» qu'une main orléaniste avait mal ajusté son arme. Sur la place de *la Révolu-
» tion*, il fut tiré encore deux ou trois coups de fusil ; ils furent naturellement
» attribués à la même cause (2). »

Pour couronner la conduite qu'il avait tenue pendant ces journées qui avaient vu la reine poursuivie dans son lit par des égorgeurs, les têtes des gardes-du-

---

(1) *Histoire de la Révolution.*

(2) Prudhomme, *Histoire des crimes commis pendant la révolution.*

corps coupées et promenées, le roi et la reine ramenés à Paris, par des bandes sanglantes, quatre tentatives de régicide, le duc d'Orléans fit illuminer le soir le Palais-Royal. Cependant la justice instruisait, le Châtelet demandait que le duc d'Orléans fût conduit sur les bancs des criminels ; le général Lafayette lui avait ordonné impérieusement de partir. Le duc d'Orléans dont la vie était composée d'intermittences, de scélératesse et de lâcheté, fut atteint de ce mal ignoble de la peur, dont il était tourmenté, et s'enfuit à Londres, en demandant au roi, qui eut la générosité d'y consentir, de colorer sa fuite par une mission. Il n'échappait au mépris de la France que pour se trouver en face du mépris de l'Angleterre. « Quand le duc d'Orléans se rendit à Londres, disent les
» mémoires du temps, Pitt affecta de partir pour la campagne, à l'instant où le
» prince arrivait ; le roi ne lui accorda que fort tard une audience de quelques
» minutes, durant laquelle il lui dit : « Le roi de France m'a donné connais-
» sance des évènemens arrivés dans son royaume ; j'en suis sensiblement tou-
» ché. Je n'ignore pas non plus l'extrême courage de la reine et son grand ca-
» ractère. Je suis bien aise de témoigner ces sentimens au premier prince du sang
» de France » (1). Ajoutons que le peuple anglais, saisi aussi de mépris pour le fauteur des journées des 5 et 6 octobre, l'apostropha en plein théâtre, et le força à chanter le *God save the King*.

Le séjour du duc d'Orléans en Angleterre dura huit mois. Pendant ces huit mois, il ne cessa pas de correspondre avec ses complices. Il envoya son adhésion par écrit au serment civique du 4 janvier 1790. Quand on prépara le Champ-de-Mars pour la fédération, « il se fit représenter par les prostituées et
» par ces misérables de toutes les classes, honte et fléau de la population pari-
» sienne. » Nous citons les expressions d'un historien. Bientôt après, il revint. La procédure du Châtelet, qui établissait d'une manière si terrible sa culpabilité, devint inutile, par suite du décret de l'assemblée qui n'autorisa point sa mise en jugement. « Dès qu'il est de retour, lit-on, dans la *Biographie Univer-*
» *selle*, c'est à dire dès le 11 juillet 1790, les attaques contre les constitutionnels
» commencent ; les mots de *traître Lafayette* circulent dans les clubs et dans
» les groupes, et le jardin du Palais-Royal devient le théâtre de violences de
» toute espèce. Le peuple de Paris, excité, se jette dans le parti extrême de la
» révolution. Ce parti s'empare du duc, qui se livre sans retour à ce honteux
» esclavage. »

Bientôt la présence du duc d'Orléans à Paris fut signalée par de nouveaux malheurs et de nouveaux crimes. L'insurrection du Champ-de-Mars fut encore l'œuvre de ce prince. « Ce furent Laclos, son secrétaire, et Brissot, spé-
» cialement protégé par madame de Genlis, dit la *Biographie universelle*, qui
» rédigèrent la pétition ou adresse aux départemens qui demandait que
» Louis XVI fût mis en jugement et déchu du trône. Cette pétition devint le
» signal de l'insurrection du Champ-de-Mars réprimée par Bailly. » A ce témoignage on peut ajouter le témoignage de madame Rolland, témoin oculaire, et dont l'impartialité ne saurait être suspecte :

« Laclos, dévoué à d'Orléans, dit madame Rolland dans ses mémoires, fit
» cette proposition aux jacobins qui l'accueillirent, et près de qui elle fut
» appuyée par un détachement de quelques centaines de coureuses tombées
» du Palais-Royal dans le lieu de ses séances. Je les y vis arriver (2). »

Ainsi la sanglante journée du Champ-de-Mars qui coûta plus tard la vie à Bailly qui avait réprimé l'insurrection, avait été préparée et combinée par ce

---

(1) *Mémoires de madame Roland.*
(2) *Mémoires du temps.*

prince On peut dire que ce fut là le terme de la direction qu'il imprimait à la révolution. Depuis ce moment, il ne fit guère que suivre, cherchant toujours à ramasser une couronne dans le chaos sanglant de tant de crimes et de tant de fureurs, mais tremblant et éperdu devant le génie plus énergique des hommes dont il avait cru faire ses instrumens, et qui ne se servirent plus de lui que comme d'un outil de corruption et de meurtre, qu'ils jetèrent quand ils n'en eurent plus besoin. Après la répression de l'émeute du Champ-de-Mars, le duc d'Orléans, suivant son invariable habitude, avait été saisi d'un de ces accès de couardise, dans lesquels il retombait toujours, chaque fois qu'il avait fait quelque tentative nouvelle. Il déserta le club des jacobins, et vint se présenter au club des Feuillans qu'on avait fondé, dans ce temps, pour défendre et maintenir tout ce qui restait de la monarchie. Mais bientôt après, il retourna aux jacobins qui ne gardèrent plus aucune mesure et qui commencèrent à prêcher l'insurrection de tous les peuples contre les rois, doctrine subversive qu'adopta l'Assemblée législative qui succéda, sur ces entrefaites, à la constituante.

Le duc, pendant la durée de cette nouvelle assemblée, réunit autour de lui les hommes qui composaient la faction sanguinaire de Danton. On appelait indifféremment les dantoniens du nom d'orléanistes, les orléanistes du nom de dantoniens, et l'on est réduit à se demander si c'était le duc d'Orléans ou si c'était Danton qu'on insultait par cette confusion. D'Orléans participa donc à tous les crimes de cette faction, tantôt par suite de cette damnable ambition qui continuait à brûler son cœur, tantôt par suite de la peur ignoble dont il était travaillé. Danton connaissait les deux ressorts de ce honteux caractère. Dans toute parole qu'il lui adressait, il laissait percer le tranchant du fer de la guillotine et briller le cercle d'or d'une couronne volée, et il conduisait son esclave, moitié par terreur, moitié par une convoitise scélérate, à toutes les bassesses et à tous les attentats. « Lorsque la journée du 10 août eut rendu » Louis XVI prisonnier, lit-on dans la *Biographie Universelle*, Manuel, un » des dantoniens, déclara au duc qu'il devait renoncer au nom de sa famille » et accepter celui d'*Egalité*, qui lui serait proposé par la commune de Paris. » Philippe accepta ce nom avec reconnaissance; et, dans une lettre de remer- » cîment, il déclara qu'on ne pouvait lui en donner un qui fût plus conforme » à ses sentimens. »

C'est à partir du 15 septembre 1792, que le duc d'Orléans prit le nom d'Egalité. Voici quelle était la teneur de l'acte de la commune de Paris qui, *sur sa demande*, donnait ce nom à l'ancienne maison d'Orléans : « SUR LA DE- » MANDE DE LOUIS-PHILIPPE-JOSEPH, PRINCE FRANÇAIS, LE CONSEIL-GÉNÉRAL » ARRÊTE : LOUIS-PHILIPPE-JOSEPH ET SA POSTÉRITÉ PORTERONT DÉSOR- » MAIS POUR NOM DE FAMILLE ÉGALITÉ ; 2° le jardin connu jusqu'à présent » sous le nom de Palais-Royal, s'appellera désormais jardin de la Révolution. »

Quelques jours avant cette époque, c'est à dire dans les journées des 5 et 6 septembre, la princesse de Lamballe avait été égorgée. « Le duc d'Orléans, » disent les mémoires du temps, « était animé contre madame de Lamballe de » la double soif de la vengeance et de l'intérêt. Depuis les journées d'octobre, » madame de Lamballe lui avait exprimé tous ses mépris et avait refusé toute » communication avec lui; en la faisant tuer, il gagnait un douaire de cent » mille écus qu'elle touchait sur la fortune de la duchesse d'Orléans, sa belle- » sœur; la mort de madame de Lamballe fut son ouvrage. » Il importe d'ajouter qu'après avoir présenté la tête de la princesse de Lamballe au Temple, la troupe des égorgeurs vint planter la pique qui soutenait cette tête sanglante, sous les fenêtres du duc d'Orléans. « C'était, dit un historien, » « l'heure où le prince allait se mettre à table ; il s'avança, examina froidement la tête, passa dans la salle à manger. »

Bien peu de temps après, le 22 septembre, il entrait à la convention. Le terme de sa carrière politique approchait. Il ne lui restait plus qu'un dernier acte à commettre, et il y marchait en chancelant sous le poids d'une double ivresse, celle de la terreur et celle de l'orgie. « Son palais était devenu un » antre, » dit la *Biographie universelle*, « où tous les scélérats se donnaient » rendez-vous. » Plus que jamais il cherchait l'impunité dans le crime, et l'oubli de ses crimes dans tous les excès de la débauche. Il avait pris la main de la révolution pour la conduire, et la main de fer de la révolution, broyant, dans sa redoutable étreinte, cette main sans vigueur, le traînait à sa suite. La république avait été proclamée; en vain Merlin, un des complices du duc d'Orléans avait voulu réserver aux assemblées primaires, le droit de rétablir la royauté. A mesure qu'on avançait sur cette fatale route, les espérances d'Egalité diminuaient, mais aussi sa peur redoublait et suppléait à l'espérance qu'il avait perdue. C'est ainsi qu'il arriva jusqu'au procès de Louis XVI. Le 7 décembre, il écrivit une lettre dans le *Moniteur*, afin de démentir la clameur publique qui le dénonçait comme aspirant au trône. « Plusieurs journaux, di- » sait-il dans cette lettre, affectent de publier que, dans le cas où Louis XVI » ne serait plus, je suis placé derrière le rideau pour mettre mon fils ou moi à » la tête du gouvernement. Je ne crois pas, Messieurs, que vos comités en- » tendent priver aucun parent du roi d'opter entre la qualité de citoyen fran- » çais et l'expectative soit prochaine, soit éloignée du trône ; je conclus donc » à ce que vous rejetiez purement et simplement l'article de vos comités, » mais, dans le cas où vous l'adopteriez, je déclare que je déposerai sur le » bureau ma renonciation formelle aux droits de membre de la dynastie ré- » gnante, pour m'en tenir à ceux de citoyen français. Mes enfans sont prêts à » signer de leur sang qu'ils sont dans les mêmes sentimens que moi (1). »

C'était ainsi que le duc d'Orléans cherchait à se faire oublier. Mais, comme l'a dit M. Thiers : « Il restait le souvenir ineffaçable de son ancienne exis- » tence, et le témoignage, toujours présent, de ses immenses richesses. » Les jacobins n'étaient donc pas disposés à se contenter du témoignage d'humilité qu'il donnait. Il parlait, dans sa lettre, de signer sa profession de foi répu- blicaine avec du sang ; c'est dans celui de Louis XVI qu'on lui ordonna de tremper la plume qu'on remit entre ses mains parricides. « Obligé de se ren- » dre supportable aux jacobins ou de périr, dit encore M. Thiers, il prononça » la mort de son parent. » Les Mémoires du temps rapportent que le conseil du duc d'Orléans hésitait ; mais que Danton, instruit par Robespierre des ir- résolutions d'Egalité, se rendit chez lui dans une des nuits qui précédèrent le fatal jour, et qu'il lui déclara qu'il fallait être régicide avec les jacobins ou guillotiné avec Louis XVI. Pour mieux épouvanter ce cœur lâche et pusilla- nime, on mit en avant une motion d'exil contre lui qu'on ne fit que suspen- dre. Ce n'était point assez que de donner sa voix. « Lepelletier de Saint-Far- » geau, dit un historien de la révolution, sur lequel les jacobins avaient jusque- » là compté, avait entraîné vingt-cinq de ses amis à voter pour toute autre » peine que la mort. Tout paraissait perdu à la montagne ; alors Danton court » au Palais-Royal, et raconte à Egalité la défection de Saint-Fargeau. Il » le subjugue, court de là chez Saint-Fargeau, l'entraîne au Palais-Royal, et » là, EGALITÉ, flattant son ambition, l'amena à cette horrible résolution, de- » vant laquelle il reculait encore ; cet acte était l'arrêt de mort de Louis XVI. » Ainsi, la révolution, ce sinistre banquier de ce brelan de mort, se servait de la main de Philippe-Egalité, comme d'un râteau sanglant pour ramasser les votes régicides.

---

(1) *Moniteur*.

Le 16 janvier, un homme d'une pâleur livide, s'avançait vers la tribune et prononçait ces paroles condamnées à l'immortalité : « UNIQUEMENT OCCUPÉ
» DE MON DEVOIR, CONVAINCU QUE TOUS CEUX QUI ONT ATTENTÉ OU ATTEN-
» TERAIENT PAR LA SUITE A LA SOUVERAINETÉ DU PEUPLE MÉRITENT LA
» MORT, JE VOTE LA MORT, » Un murmure d'horreur parcourut l'assemblée lorsqu'elle entendit Egalité, quoique l'assemblée s'appelât la Convention. Les tribunes mêmes se turent, quoiqu'elles fussent là pour applaudir le crime. L'attente de la révolution était surpassée. Egalité avait tenu la parole régicide qu'il avait donnée ; il vota contre l'appel, et vota contre le sursis. Il obéit en tout et jusqu'au bout ; s'il n'exécuta pas Louis XVI, c'est parce qu'on ne pensa point à l'exiger. Le misérable ne pensait plus à régner, il pensait à vivre ; pour vivre, il se serait fait bourreau (1).

Il ne régna point cependant. Bientôt après, le 21 janvier, les jacobins livrèrent Philippe-Egalité aux girondins ; ils avaient pressé dans leurs mains ce déplorable prince comme une éponge imbibée de boue et de sang, et lui avaient fait rendre tout ce que sa bassesse et sa lâcheté contenaient de crime ; maintenant ils le rejetaient avec dégoût. En même temps, le prince de Galles déchirait son portrait et Dumouriez le flétrissait de son mépris.

Ce fut pourtant la défection de ce général qui devint le prétexte de l'arrestation d'EGALITÉ. On le comprit dans le sanglant anathème lancé contre la famille des Bourbons. Ses anciens amis firent plus, ils demandèrent et obtinrent l'arrestation des personnes attachées à son service. Merlin de Douai, un de ses conseillers les plus intimes, se trouvant frappé par le décret, déclara qu'il avait cessé d'avoir des rapports avec lui, dès le moment où il avait reconnu qu'il était un traître. Le duc, conduit le 7 avril 1793, à la mairie par ordre de Pache, courut à l'assemblée pour alléguer ses crimes et revendiquer sa honte. On ne pouvait pas le considérer comme un Bourbon, lui qui s'appelait Egalité, on ne pouvait le confondre avec la famille royale que l'on proscrivait, lui régicide. Pour qu'aucun opprobre ne manquât au duc d'Orléans, une seule voix s'éleva en sa faveur, ce fut celle de Marat !

Cette protection acheva de le flétrir, mais ne le sauva pas. Envoyé à Marseille, dans la nuit du 9 au 10 avril, le tribunal des Bouches-du-Rhône le trouva innocent. Le duc, cependant, continua à être détenu par ordre du comité de salut public. On le conduisit à Paris, où il fût condamné à mort comme girondin, par le tribunal révolutionnaire, qui semblait avoir eu à cœur de trouver le seul crime dont Egalité fût innocent, afin de ne pas donner à la révolution, qui

---

(1) Le roi Louis XVI fut guillotiné le 21 janvier 1793 sur la place Louis XV, et, pour se venger de ses bourreaux, le roi-martyr écrivait la lettre suivante à son frère Louis XVIII quelques heures avant son supplice :

« Paris, le 20 janvier 1793.

» Mon cher frère,

» J'obéis à la Providence et à la force en allant porter sur l'échafaud ma tête
» innocente. Ma mort impose à mon fils le fardeau de la royauté : soyez son père
» et gouvernez l'Etat pour le lui rendre tranquille et florissant. Mon intention
» est que vous preniez le titre de régent du royaume ; mon frère Charles-Phi-
» lippe prendra celui de lieutenant-général. *Mais c'est moins par la force des ar-*
» *mes que par une liberté bien entendue et des lois sages, que vous rendrez à mon*
» *fils son héritage usurpé par les factieux.* N'OUBLIEZ JAMAIS QU'IL EST TEINT
» DE MON SANG, ET QUE CE SANG VOUS CRIE CLÉMENCE ET PARDON.
» VOTRE FRÈRE VOUS EN PRIE, VOTRE ROI VOUS L'ORDONNE.

» LOUIS. »

(Note de l'éditeur.)

vivait de forfaits odieux, le spectacle d'un homme condamné pour ses crimes. Un pauvre serrurier avait été condamné à mourir le même jour que Philippe-Égalité. Quand on voulut le faire monter dans la fatale charrette, il refusa obstinément. « Je suis condamné à mort, disait-il, c'est vrai, mais le tribunal » ne m'a pas condamné à aller à l'échafaud dans la compagnie et dans la même » charrette que cet infâme scélérat d'Orléans. » Il fallut employer la force pour jeter le malheureux serrurier dans le tombereau. Ainsi le peuple, dont Philippe-Joseph d'Orléans avait voulu se faire l'égal, refusait, par la voix de cet ouvrier, d'accepter une flétrissante égalité, et de coudoyer les crimes de celui qui avait voulu coudoyer ses haillons.

Telle fut la vie, telle fut la mort du duc d'Orléans. Nous avons promis de garder jusqu'au bout notre sang-froid, nous tiendrons notre parole. Mais si l'on nous demandait pourquoi, le jour de l'anniversaire de sa mort, nous avons tracé ce portrait, un écrivain du *Journal des Débats* (1) nous fournirait pour répondre ces paroles qui serviront de conclusion à notre travail : « Pour figu- » rer le crime, il ne s'offrait à moi que trop de modèles. J'ai pris le mien dans » un palais, comme un effrayant contraste. J'ai choisi, et cette préférence lui » est due, ce prince qui descendit tous les degrés de l'échelle sociale pour se » faire peuple; non le peuple qui travaille, mais le peuple rouge de sang et de » vin, qui égorge pour égorger et rentre ensuite à la maison tranquille comme » le bourreau qui a fini sa tâche. Si ce prince, ce peuple, ce bourreau, se sont » rencontrés dans un seul homme, pouvais-je laisser de côté un personnage » d'une physionomie si franchement scélérate? Pouvais-je trouver quelque » part un exemple plus frappant de folie et de méchanceté? Ce prince, qui n'a » de droits qu'à l'impartialité, et que j'ai représenté tel qu'il m'a paru : avare » et prodigue tout à la fois, débauché sans être voluptueux, qui ne laissa pas » même au crime sa seule dignité, l'énergie; homme qui n'osa jamais regar- » der un homme en face; ce prince, il est à moi, il m'appartient par tous les » droits de l'histoire. Ses lâchetés, ses vices, ses orgies, ses fanfaronnades tout » cela est de mon domaine. Vous me demandez grâce pour lui : mais a-t-il » fait grâce, lui? A-t-il eu pitié de la plus belle des femmes, de la plus mal- » heureuse des reines, de la plus contristée des mères? J'attache son nom au » poteau infâmant, dites-vous? Mais n'a-t-il pas dressé l'échafaud où Marie- » Antoinette est montée, traînée d'un bras par la haine, de l'autre par la ca- » lomnie. Non, pour cet homme, je ne mentirai pas à ma conscience et à la » vérité. »

Ce qu'a dit l'écrivain du *Journal des Débats* est fort bien dit, et voilà précisément pourquoi, ce jourd'hui, 6 novembre 1842, quarante-neuf ans écoulés après le supplice du prince régicide, nous publions cette vie de Louis-Philippe-Égalité.

N.

---

(1) M. Jules Janin, préface de *Barnave*.

PUBLICATIONS POPULAIRES DE LA MODE.

Nous ne saurions trop vivement recommander aux pères de famille, aux chefs d'institutions, à MM. les ecclésiastiques le Bon Messager, almanach de 1843. C'est le seul almanach contenant presque la valeur d'un volume in-8° qui ne coûte que quarante centimes, et cependant il est plus varié et plus complet que tous les autres. Il se vend au bureau de la Mode, 28, rue Taitbout. — Prix : un exemplaire, quarante centimes ; quinze, cinq francs ; cent, trente francs, au profit des infortunes de l'Ouest et des malheureux réfugiés espagnols.

TABLE DES MATIÈRES.

Calendrier pour 1843, pages 2. — Prédictions pour l'année 1843, 6. — Mesures métriques, 11. — Population des départemens, leurs chefs-lieux et distance de Paris, 15. — Barème, ou les comptes faits, 16. — Foires principales de France, 17. — Liste des princes actuellement vivans (1842), composant la maison de Bourbon, 18. — Extrait du supplément extraordinaire au *Moniteur* du 3 août 1830, 23. — L'année 1842, 26. — Rapprochemens et contrastes, 33. — Une croix d'honneur, 36. — Le manteau du maréchal Moncey, 36. — Petit cours de droit constitutionnel, 37. — Médecine pratique, 39. — Ladreries, 41. — Ils sont Anglais avant tout, 43. — Le gouvernement excitant à la haine et au mépris du gouvernement, 47. La visite à l'infirmerie, 48. — Prospérité toujours croissante, 49. — La ligue, 50. — Reconnaissance perfectionnée, 52. — La fille de Louis XVI et l'abbé Edgeworth, 53. — Un scrutin, 56. — Héroïsme français, 58. — Les doctrinaires et le clergé, 60. — Causes de la multiplicité des incendies, 64. — Ordre du jour citoyen, 66. — Le duc de Nemours, 67. — Prévoyance inexorable, 67. — 1818 et 1842 (extrait de la Mode), 69. — Un trait de S. A. R. Madame, duchesse de Berry, 71. — Punition divine, 72. — Serment de chevalier des ordres du roi, 76. — Fière attitude du ministère doctrinaire devant l'étranger, 77. — Patriotisme et popularité à la Voltaire, 78. — Les embastilleurs au milieu de leurs tranchées, 81. — Bilan de la liberté de la presse, 82. — Le ministère doctrinaire plumant le coq gaulois, 83. — Le chien du curé, 83. — Calcul singulier, 85. — Santé publique, 88. — Quelques prophéties, 87. — Le ministère de la paix à tout prix recevant, toujours avec un nouveau plaisir, les assurances d'amitié sincère de ses magnanimes alliés, 89. — Simples citations, 89. — Un incorruptible de la comédie de quinze ans se rafraîchissant avec un léger pot de vin, 92. — Charité véritablement inépuisable, 93. — La gloire vendéenne, 94. — Charles V et les réfugiés espagnols, 95. — Mort tragique et succession du dernier des Condé, 97. — La politique expectante, 97. — Louis-Philippe d'Orléans (extrait de la Mode), 99. — La famille royale exilée, 130. — Lettre de Louis XVI à son frère Louis XVIII, 140. — Recette politique, 140. — *Le Bon Messager* à ses amis (chanson), 142.

LOUIS-PHILIPPE D'ORLÉANS,

ARTICLE EXTRAIT DE LA MODE DU 5 OCTOBRE 18

Prix : Dix centimes.

IMPRIMERIE D'EDOUARD PROUX ET Cⁱᵉ, RUE NEUVE-DES-BONS-ENFANS, 3.

www.ingramcontent.com/pod-product-compliance
Lightning Source LLC
Chambersburg PA
CBHW061627040426
42450CB00010B/2697